CATALOGUE

DE

LIVRES ILLUSTRÉS

ANCIENS & MODERNES

DONT LA VENTE AURA LIEU

HOTEL DES COMMISSAIRES-PRISEURS

Rue Drouot, Salle n° 5

Le 15 Novembre 1887, à deux heures précises

Par le ministère de Me **MAURICE DELESTRE**, Commissaire-priseur

27, rue Drouot, 27

PARIS

JULES MARTIN, LIBRAIRE-EXPERT

19, BOULEVARD HAUSSMANN, 19

1887

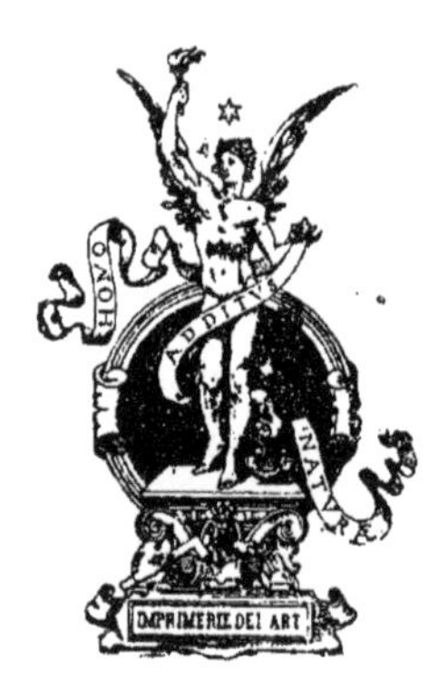
HOMO
ADDITVS
NATVRÆ

CATALOGUE

DE

LIVRES ILLUSTRÉS

ANCIENS & MODERNES

DONT LA VENTE AURA LIEU

HOTEL DES COMMISSAIRES-PRISEURS

Rue Drouot, Salle n° 5

Le 15 Novembre 1887, à deux heures précises

Par le ministère de Mᵉ **MAURICE DELESTRE,** Commissaire-priseur

27, rue Drouot, 27

PARIS

JULES MARTIN, LIBRAIRE-EXPERT

19, BOULEVARD HAUSSMANN, 19

1887

CONDITIONS DE LA VENTE

La vente est faite au comptant. Les acquéreurs doivent payer *cinq pour cent* en sus des adjudications.

Les livres sont garantis complets et en bon état, sauf indication contraire. La vente terminée, aucune réclamation ne sera admise.

M. J. Martin remplira les commissions des personnes qui ne pourraient assister à la vente.

Paris. — Imp. de l'Art. E. Ménard et J. Augry
41, rue de la Victoire, 41.

CATALOGUE

DE

LIVRES MODERNES

DÉSIGNATION

1 — **Abailard et Héloïse.** Lettres. Traduites par Oddoul. *Paris, Houdaille*, 1839; 2 tomes en 1 vol. gr. in-8°, chag. fil., tr. dor. *Illustr. par J. Gigoux.*

2 — **Album** du Musée de la Jeunesse, dessins par A. Marie et H. Pille. Texte par Aicard, Coppée, Quatrelles, etc. *Paris, Baschet*, in-4°, demi-rel. mar. bl., coins, n. rog.

3 — **Alhoy.** Les Bagnes, histoire, types, mœurs, mystères. *Paris, Havard*, 1845; gr. in-8° cart. perc., n. rog. *Illust. par de Rudder, Bertall, Janet-Lange, Lorsay.*

4 — **Alhoy et Lurine.** Les Prisons de Paris, histoire, types, mœurs et mystères. *Paris, G. Havard*, 1846; gr. in-8° cart. perc., n. rog. *Fig. par Bertall, Lorsay*, etc.

5 — **Arène** (P.). La Vraie Tentation du grand saint Antoine. *Paris, Charpentier*, 1880; gr. in-8° br. *Illustr. par Vollon, Bastien-Lepage, L. Petit,* etc.

6 — **Aucassin et Nicolette.** Chantefable du XII° siècle. Traduite par Bida. *Paris, Hachette*, 1878; gr. in-8° cart., n. rog. *Eaux-fortes par Bida.*

Exemplaire sur papier de Chine.

7 — **Autrefois** ou le Bon Vieux Temps. Types français du XVIII° siècle. Texte par Audebrand, Roger de Beauvoir, de Labédollière. *Paris, Challamel*, s. d., gr. in-8° cart. toile, n. rog. *Vignettes par Johannot, Fragonard, Gavarni*, etc.

8 — **Barbier** (A.). Satires et poèmes. *Paris, Bonnaire*, 1837; in-8°, demi-rel. v. *Première édition.*

9 — **Barbou.** Victor Hugo et son temps. *Paris, Charpentier*, 1881; gr. in-8° br. *Fig.*

10 — **Barthélemy.** Douze Journées de la Révolution, poèmes. *Paris, Perrotin*, 1832; in-8°, demi-rel. v. f. *Fig. de Raffet.*

11 — **Barthélemy.** Némésis. *Paris, Perrotin*, 1835; 2 vol. in-8°, demi-rel. v. *Fig. de Raffet.*

12 — **Beaumont** (E. de). Un Drame dans une carafe. Dessins par L. Leloir. *Paris, Jouaust*, 1882; in-8° cart., n. rog.

Un des 25 exemplaires numérotés sur papier Whatman.

13 — **Beauvallet.** Les Femmes de Paul de Kock, *Paris*, *Charlieu*, gr. in-8° cart., n. rog. *Dessins de Castelli*, *Gerblier et Lix*. *Papier jaune.*

14 — **Bellanger.** La Touraine ancienne et moderne. *Paris*, *Mercier*, 1845; gr. in-8°, demi-rel. chag. *Illust. par Th. Frère*, *Brevière*, *Lacoste*, etc.

15 — **Béranger.** Chansons. *Paris*, *Perrotin*, 1866; gr. in-8° br. *Vignettes par Giacomelli*, *Riou*, *Bayard*, *Lorsay*, etc.

Première édition posthume des œuvres complètes.

16 — **Bergerac** (Cyrano de). Histoire comique de la Lune et du Soleil. *Paris*, *Delahays*, 1858; in-12, demi-rel. chag. vert, coins, tête dor., n. rog.

17 — **Berlot-Chapuit.** Fables-Proverbes. *Paris*, *Garnier*, 1858; in-8° br. *Illust. par R. Bonheur*, *Bertall*, *Daubigny*, *Jules David*, etc.

18 — **Bertall.** La Comédie de notre temps. *Paris*, *Plon*, 1874-1876; 3 vol. gr. in-8° br. *Nombr. vignettes.*

19 — **Bertall.** La Vigne, voyage autour des vins de France. *Paris*, *Plon*, 1878; gr. in-8° br. *Fig.*

20 — **Bibliothèque rose illustrée.** *Paris*, *Hachette*, 1865-1880; 32 vol. in-12 br. Illustr. par G. Doré,

Sahib, Ferdinandus, Bertall, Riou, Bayard, A. de Neuville, etc.

Premier tirage sur papier de Chine : La Dette de Ben-Aïssa. — Les Filles du professeur. — Le Fils du maquignon. — Le Château de la Pétaudière. — Le Secret de Laurent. — La Maison modèle. — Grands et Petits. — Les Enfants de la ferme. — Daniel. — Histoire d'une Grand'mère. — Néridah. — Bigarrette. — Les Bons Enfants. — Aller et Retour. — La Famille Harel. — Un Enfant gâté. — Le Vieux de la forêt. — Voyages de Gulliver. — En Quarantaine. — Nouveaux Contes de fées. — Vacances d'un grand-père. — Poches de mon oncle. — L'Oncle Boni. — Les Deux Reines. — La Petite Maîtresse de maison. — Enfants et Parents. — Plus tard. — A fond de cale. — Le Petit Colporteur. — Le Livre de maman. — François le Bossu.

Les trois derniers ouvrages sont sur papier ordinaire.

21 — **Bijoux** des Neuf Sœurs. *Paris, Defer de Maisonneuve*, 1790; 2 vol. in-18, bas. *Fig. de Lebarbier avant la lettre.*

22 — **Boccace.** Contes, traduction nouvelle (par Sabatier de Castres). *Londres*, 1779; 10 tomes en 5 vol. in-8°, demi-rel., n. rog. *Fig. de Gravelot. Grand papier.*

23 — **Boccace.** Contes, traduits par Rastoin-Brémond. *Paris*, 1835; 2 vol. in-8°, demi-rel. *Fig. sur Chine par C. Rogier.*

24 — **Boileau** (Œuvres de). Avec une notice par

M. Daunou. *Paris*, *Desmalis*, 1840; gr. in-8°, demi-rel. chag. viol. *Illustr. par Johannot*, *Granville et Dévéria.*

25 — **Boileau** (Œuvres poétiques de). Avec notices par Poujoulat. *Tours*, *Mame*, 1870; gr. in-8°, demi-rel. mar. bleu, tête dorée, n. rog. *Eaux-fortes par V. Foulquier.*

26 — **Boileau**. Œuvres. *Paris*, *Lemerre*, 1875; 2 vol. in-12 br.

27 — **Bonnefons.** Les Hôtels historiques de Paris, histoire, architecture. *Paris*, *Lecou*, 1852; gr. in-8°, demi-rel. v. f., n. rog. *Illustr. par Nanteuil*, *Daubigny*, *Bertall*, etc.

28 — **Brantôme.** Les Dames galantes. *Paris*, *Ledoux*, 1834; 2 vol. in-8°, demi-rel. v.

29 — **Briffault.** Le Secret de Rome au XIXe siècle. *Paris*, *Boizard*, 1846; gr. in-8°, demi-rel. mar. vert, n. rog., relié sur brochure. *Illustr. de 200 dessins par les artistes les plus distingués.*

30 — **Briseux**. Marie. *Paris*, *Auffray*, 1832; in-18, demi-rel. v.

Première édition.

31 — **Brivois.** Bibliographie des ouvrages illustrés du XIXe siècle, principalement des livres à gravures

sur bois. *Paris*, *Conquet*, 1883 ; gr. in-8° br., pap. vergé.

32 — **Brochard.** L'Éducation de la poupée. *Paris*, *Gillot*, 1881 ; in-18 cart. *Illustr. en couleurs par A. Marie.*

33 — **Burette.** Histoire de France depuis l'établissement des Francs dans la Gaule jusqu'en 1830. *Paris*, *Ducrocq*, 1840 ; 2 vol. gr. in-8° cart. perc., n. rog. *500 dessins par Jules David.*

Première édition.

34 — **Burty, Havard,** Dayot, Goethschy, Montrosier, etc. Les Salons de 1881, 1882, 1883, 1884 et 1885. *Paris*, *Baschet*, 5 vol. in-4° en livraisons. *Planches en photogravure.*

Exemplaire sur papier de Hollande avec les gravures avant la lettre sur Chine.

35 — **Catalogue** de tableaux de premier ordre composant la galerie de M. J. Wilson. *Paris*, 1881 ; gr. in-8° br. *60 planches à l'eau-forte.*

36 — **Cazotte.** Le Diable amoureux, précédé de sa vie, de son procès et de ses prophéties et révélations, par Gérard de Nerval. *Paris*, *Ganivet*, 1845 ; in-8°, demi-rel. mar. rouge, coins, n. rog. *Illustr. par de Beaumont.*

37 — **Celières.** Entre deux paravents : scènes et comédies en vers. *Paris*, 1879 ; in-8°.

Papier de Chine avec deux épreuves des eaux-fortes de Boilvin.

38 — **Cervantès.** L'Ingénieux Hidalgo Don Quichotte de la Manche, traduit par L. Viardot. *Paris*, *Dubochet*, 1836 ; 2 vol. gr. in-8°, demi-rel. chag. viol., coins, tête dor., n. rog. *Vignettes par T. Johannot. Premier tirage.*

39 — **Cervantes.** Nouvelles espagnoles, traduites par Lefebvre de Villebrune. *Paris, Duchesne,* 1778 ; 2 vol. in-8°, demi-rel. mar. viol., n. rog. *Fig. de Desrais.*

40 — **Challamel.** Histoire - Musée de la République française. *Paris*, *Challamel*, 1842 ; 2 vol. gr. in-8°, demi-rel. v. bleu, coins, n. rog. *Fig.*

41 — **Challamel.** Les Légendes de la place Maubert. *Paris*, *Lemerre*, 1877. *Eaux-fortes.* — Histoire de Paris en 1848, par L. d'Ormoy. *Paris*, *Lebrun*. Fig. Ens. 2 vol. in-12 br. et cart.

42 — **Champfleury.** Les Enfants. Quatrième édition de luxe. *Paris*, *Rothschild*, 1873 ; gr. in-8°, demi-rel. mar. rouge, coins, tête dor., n. rog. *Illustr. en noir et en couleurs par Grafty*, *Anker*, *Richter*, *Ribot*, etc.

*

43 — **Champfleury.** Histoire des faïences patriotiques sous la Révolution. *Paris, Dentu*, 1867; in-8°, demi-rel. mar. bl., coins, tr. dor. *Fig.*

44 — **Chasles** (Philarète). Charles Ier, sa cour, son peuple et son parlement, 1630 à 1660. *Paris, Ve L. Janet*, s. d., gr. in-8° cart. perc., n. rog. *Gravures sur acier d'après Van Dyck, Rubens et Cattermole.* Couvert.

45 — **Chefs-d'œuvre d'art** (Les) à l'Exposition Universelle de 1878, sous la direction de M. E. Bergerat. *Paris, Baschet*, 1878; 2 vol. in-fol. en livr. *Planches.*

Papier de Hollande.

46 — **Cohen.** Guide de l'amateur de livres à figures du XVIIIe siècle. *Paris, Rouquette*, 1876; gr. in-8° cart., n. rog.

47 — **Classiques de la Table.** *Paris*, 1845; in-8°, demi-rel. chag. *Portraits et vignettes d'après Delaroche, Scheffer, A. et T. Johannot, Isabey*, etc.

48 — **Cler.** La Comédie à Cheval ou Manies et Travers du monde équestre. *Paris, Bourdin*, s. d.; in-8° cart., n. rog. *Illustr. par Charlet, Johannot, Gigoux*, etc.

49 — **Cohen.** Guide de l'amateur de livres à figures et à vignettes du XVIIIe siècle. *Paris, Rouquette*, 1876; gr. in-8° cart. perc., n. rog. *Eau-forte.*

50 — **Collection Eug. Didier.** *Paris*, 1852-1855; 17 vol. in-18 cart., n. rog.

T. Gautier, *Émaux et Camées.* — Balzac, *Fantaisies de Claudine.* — Balzac, *Théorie de la démarche.* — Gozlan, *les Maitresses à Paris.* — Prémaray, *le Chemin des écoliers.* — G. Sand, *la Marquise.* — Desplaces, *Impressions rustiques.* — Karr, *Midi à quatorze heures.* — Martin, *l'Écrin d'Ariel.* — Houssaye, *la Vertu de Rosine.* — Lecomte, *Histoire d'un modèle.* — Karr, *Proverbes.* — G. de Nerval, *Petits Châteaux de Bohême.* — Gozlan, *Comment on se débarrasse d'une maitresse.* — Lecomte, *Un Voyage à Londres.* — Stendhal, *l'Abbesse de Castro.*

51 — **Comic Almanack** pour 1842 et 1843, par de Balzac, Soulié, Alhoy, de Kock, L. Huart, etc. *Paris, Aubert*, 2 vol. in-18 cart. *Vignettes par Trimolet et Vernier.*

52 — **Commerson** et **Nadar.** Les Binettes contemporaines. *Paris, Havard*, 1858; 2 vol. in-18, demi-rel. chag. *Vignettes.*

53 — **Coppée** (F.). Bleuette, conte en vers. *Paris, Lemerre*, 1880; pet. in-4° cart. *Illustr. en couleurs d'après Pille.*

54 — **Cyrano de Bergerac.** Œuvres comiques, galantes et littéraires. *Paris, Delahays*, 1858; in-12, demi-rel. mar. vert, n. rog., coins, tête dor., papier vélin.

55 — **D'Arnaud.** Œuvres. *Paris*, 1767-1795; 11 vol.

in-8°, demi-rel. v. fauve. *Fig. d'Eisen, Marillier, Lebarbier.*

56 — **Dassance** (L'abbé). Les Saints Évangiles. *Paris, Curmer*, 1836 ; 2 vol. gr. in-8°, chag. n., fil.. tr. dor. *Illustr. par T. Johannot, Cavelier, Gérard-Seguin et Brevière.*

57 — **Delapalme.** Le Livre de mes petits enfants. *Paris, Hachette*, 1866 ; gr. in-8° cart. perc., n. rog. *Dessins de Giacomelli. Premier tirage.*

58 — **De Manne.** Galerie historique des comédiens françois de la troupe de Voltaire, gravés à l'eau-forte par H. Lefort. *Lyon, Scheuring*, 1877 ; in-8°, pap. vergé teinté, mar. r., fil., dos orné, tr. dor. (*Chambolle-Duru.*)

59 — **Démidoff** (A. de). Voyage dans la Russie méridionale et la Crimée par la Hongrie, la Valachie et la Moldavie. *Paris, Bourdin*, 1854; gr. in-8° br. *Illustr. par Raffet.*

Exemplaire sur papier de Hollande avec les figures sur Chine.

60 — **Demoustier.** Lettres à Émilie sur la mythologie. *Paris, Renouard*, 1809 ; 6 parties en 2 vol. in-8°, demi-rel. mar. r. *Trente-six figures de Moreau.*

61 — **Dodecaton** ou le Livre des Douze. *Bruxelles*, 1836 ; 2 vol. in-18, cart., n. rog.

Nouvelles par A. de Musset, Stendhal, A. Dumas, G. Sand, Mérimée, Barbier, A. de Vigny, etc.

62 — **Dorat.** Lettre du Lord Velford à milord Dirton son oncle. *Paris*, 1765 ; in-8°, cart. *Vignettes d'Eisen.*

Exemplaire contenant un joli portrait. Frontispice de Dorat gravé par Fessard.

63 — **Duplessis-Bertaux.** Sujets de divers genres, costumes militaires, mendiants, ouvriers, cris des marchands, etc. 125 grav. en 10 cahiers in-18 obl.

64 — **Dupont** (P.). Chants et chansons. Poésie et musique. *Paris*, 1851-1859 ; 4 vol. in-8° cart. toile, n. rog., couvert. *Gravures sur acier d'après Johannot, Andrieux, Nanteuil, Gavarni*, etc.

65 — **Duranty.** Théâtre des Marionnettes du jardin des Tuileries. Texte et composition des dessins par Duranty. *Paris, Dubuisson*, cart. perc., n. rog. *Fig. coloriées.*

66 — **Durieu.** Le Pion. *Paris, Marpon*, 1882 ; in-18 br. *Illustr. par L. Petit.*

Papier de Hollande.

67 — **Essards** (G. des). Vertu et Travail. Anecdotes historiques racontées à la jeunesse. *Paris, veuve L. Janet*, s. d., gr. in-8° cart. perc., n. rog. *Fig. d'Henri Monnier, coloriées.*

68 — **Étincelle.** Carnet d'un mondain. Gazette pari-

sienne anecdotique et curieuse. *Paris, Rouveyre*, 1881-1882 ; 2 vol. in-12 br. *Illustr. par Ferdinandus.*

Papier Whatman.

69 — **Étrangers à Paris** (Les), par Louis Desnoyers, J. Janin, Old-Nick, Bellanger, E. Guinot, etc. *Paris, Warée*, s. d., gr. in-8°, demi-rel. mar. br., n. rog., coins dorés en tête. *Illustr. par Gavarni, Th. Frère, H. Emy.*

70 — **Évangiles des Quenouilles.** *Paris, Jannet*, 1855 ; in-12 cart., n. rog.

71 — **Exposition des Beaux-Arts.** Salon de 1880. Comprenant 34 planches en photogravure par Goupil, 64 dessins hors texte et 50 motifs variés. *Paris, Baschet*, 1880 ; gr. in-8°, cart., n. rog.

72 — **Fabre** (F.). Némésis médicale illustrée. Recueil de satires. *Paris*, 1840 ; 2 tomes en 1 vol. gr. in-8°, demi-rel. mar. vert, coins, tête dor., n. rog., couvert. *Vignettes par Daumier.*

73 — **Febvre et Johnson.** Album de la comédie française. *Londres, Viard*, 1879 ; in-4° cart., tr. dor. *Portraits.*

74 — **Femmes de H. de Balzac** (Les). Types, caractères et portraits précédés d'une notice biographique par le bibliophile Jacob. *Paris, veuve*

L. Janet, s. d., gr. in-8° cart. perc., n. rog. *Illustr. par Staal. Premier tirage.*

75 — **Feréal** (V. de). Mystères de l'Inquisition et autres sociétés secrètes d'Espagne. *Paris, Boizard*, 1846; gr. in-8°, demi-rel. mar. vert, coins, n. rog. *200 vignettes.*

76 — **Florian.** Fables. Préface par A. de Montaiglon. *Paris, Rouquette*, 1882 ; in-12 br. *Compositions inédites de Moreau gravées par Martial.*

Papier du Japon.

77 — **Foë** (Daniel de). Aventures de Robinson Crusoé, suivies d'une notice sur Selkirk et les Caraïbes, par F. Denis. *Paris, Laplace*, s. d. ; gr. in-8°, demi-rel. mar. r., coins, tête dor., n. rog. *Fig. de Gavarni.*

On a ajouté à cet exemplaire la suite des figures de Grandville, tirées à part sur Chine.

78 — **Français sous Louis XIV et Louis XV** (Les). Texte par Audebrand, Roger de Beauvoir, de Labédollière, Challamel, etc. *Paris*, *Challamel*, s. d. ; gr. in-8° br. *Fig. coloriées par T. Johannot*, *Fragonard*, *Gavarni*, *Jacques,* etc.

79 — **Franc-Lecomte** (P.). Histoire de Napoléon II, né roi de Rome, mort duc de Reichstadt. *Paris*, 1842 ; gr. in-8° cart. perc., n. rog. *Illustr. par T. Johannot, Fragonard et Bourdet.*

80 — **Galerie** historique des portraits des comédiens de la troupe de Molière, gravés à l'eau-forte par Fr. Hillemacher. *Lyon*, *Scheuring*, 1869 ; in-8°, mar. r., fil., dos orné, tr. dor. (*Raparlier.*)

81 — **Galibert.** Histoire de la République de Venise. *Paris*, *Furne*, 1855 ; gr. in-8°, demi-rel. mar. r. *Fig. par Rouargue.*

82 — **Gautier** (Th.). Poésies complètes, 1845. — Mademoiselle de Maupin, 1845. — Œuvres humoristiques, 1851. — Caprices et zigzags, 1852. — Italia, 1852. Ens. 5 vol. in-12, demi-rel. v.

83 — **Gavarni.** Masques et visages. *Paris, Paulin*, 1857 ; in-8° cart., n. rog.

84 — **Gavarni.** Album grotesque et pittoresque. *Paris*, 1849 ; gr. in-8° br. *40 grav.*

85 — **Girardin** (J.). Nous deux. *Paris*, *Hachette*, s. d. ; in-4° cart. *Illustr. en couleurs de Sowerby et Emmerson.*

86 — **Giron** (Aimé). Les Cinq Sous d'Isaac Laquedem, le Juif-Errant. *Paris*, *Firmin-Didot*, 1883 ; in-4° cart. toile. *Illustr. par Henri Pille.*

87 — **Gœthe.** Onze eaux-fortes pour illustrer le *Faust. Paris*, *Quantin*, 1880 ; in-4° en portef.

88 — **Goncourt** (Ed. et J. de). L'Amour au XVIIIe siè-

cle. *Paris*, *Dentu*, 1875; in-12 br. *Eaux-fortes par Boilvin.*

89 — **Goncourt** (E. de). La Saint-Huberty, d'après sa correspondance et ses papiers de famille. *Paris*, *Dentu*, 1882 ; in-12 br.

Papier de Hollande avec double épreuve de l'eau-forte.

90 — **Gondar** (Jacques). Chroniques françaises publiées par F. Michel. *Paris*, *L. Janet*, s. d. ; in-12, rel. vélin, tête dor., n. rog. *Vign.*

91 — **Grandville.** Cent proverbes. *Paris*, *Fournier*, 1845 ; gr. in-8°, demi-rel. chag. *Fig.*

92 — **Grimarest.** La Vie de Molière, 1887. *Eau-forte par Lalauze.* — La Papesse, nouvelle par l'abbé Casti. *Paris*, *Liseux*, 1878. Ens. 2 vol. pet. in-12 br.

93 — **Greenaway** (Kate). Birthday Book for children. *London*, *Routledge*, in-32 cart. *Vignettes en couleurs.*

94 — **Guinot.** L'Été à Bade. *Paris*, *Furne*, gr. in-8°, demi-rel. chag. r., fil., tr. dor. *Illustr. par T. Johannot*, *E. Lami*, *Français.*

95 — **Histoire** chronologique de la Révolution française. *Paris*, *Perrotin*, 1834 ; in-8°, demi-rel.

mar. r., n. rog. *Vignettes sur Chine par Raffet. Premier tirage.*

96 — **Histoires** débraillées, par l'auteur de Pommes d'Ève. *Paris, Monnier,* 1884 ; in-8° br. *Fig.*

97 — **Hoffmann.** Contes fantastiques traduits par Christian. *Paris, Lavigne,* 1843 ; gr. in-8°, demi-rel. chag. *Fig. de Gavarni.*

98 — **Holbeins.** Todtentanz. *Munich,* 1832 ; in-12 cart., tr. dor. *53 vignettes sur Chine.*

99 — **Houssaye** (A.). Les Comédiennes de Molière. *Paris, Dentu,* 1879 ; in-8° br. *Portraits à l'eau-forte.*

100 — **Houssaye** (A.). La Comédie française, 1680-1880. *Paris, Baschet,* 1880 ; in-fol. en livr. *Portraits.*

Papier de Hollande.

101 — **Huart.** Muséum Parisien, histoire physiologique, pittoresque, philosophique et grotesque. *Paris, Beauger,* 1841 ; gr. in-8° cart. perc., n. rog. *Illustr. de 350 vignettes par Grandville, Daumier,* etc.

Première édition.

102 — **Hugo** (V.). Notre-Dame de Paris. *Paris, Gosselin,* 1831 ; 2 vol. in-8°, demi-rel. v. rose. *Vignettes de T. Johannot.*

103 — **Hugo** (V.). Marion Delorme. *Paris, Lévy*, 1873; in-8°, demi-rel. mar. vert, coins, n. rog.

Papier de Hollande orné d'eaux-fortes sur Chine, par Flameng et Régamey.

104 — **Hugo** (V.). Le Livre des mères. Les Enfants. *Paris, Hetzel*, s. d.; gr. in-8° br. *Vignettes par Froment.*

105 — **Hugo** (V.). Cromwell. 1876. — Biographie de A. de Musset, par P. de Musset. *Paris, Lemerre*, 1877. Ens. 2 vol. pet. in-12, br. *Portr.*

106 — **Hurtrel** (Mme Alice). Les Aventures romanesques d'un comte d'Artois. *Paris, Hurtrel*, 1883; in-12 br. *Vignettes en couleurs par A. Marie.*

107 — **Hurtrel** (Mme Alice). Les Amours de Catherine de Bourbon et du comte de Soissons. *Paris, Hurtrel*, 1882; in-12 br., dans un emboîtage. *Nombreuses vignettes.*

108 — **Jacob** (Biblioph.). Galerie des femmes de George Sand. *Paris, Aubert*, 1843; gr. in-8° cart. toile, n. rog. *Illustr. de 24 gravures par H. Robinson.*

Première édition.

109 — **Jaime** (E.). Musée de la Caricature ou Recueil des Caricatures les plus remarquables publiées en France depuis le XIVe siècle. Avec un texte

historique et descriptif par Brazier, Brucker, Capo de Feuillide, Charles Nodier, etc. *Paris, Delloye*, 1838 ; 2 vol. in-4°, demi-rel. toile. *200 planches noires et coloriées.*

110 — **Janin** (J.). L'Été à Paris. *Paris, Curmer*, s. d. (1843) ; gr. in-8°, demi-rel. mar. rouge, coins, n. rog. *Fig. par E. Lami.*

111 — **Janin** (J.). Un Hiver à Paris. Deuxième édition. *Paris, Curmer*, 1844 ; gr. in-8°, demi-rel. chag. rouge, coins, n. rog. *Fig. par E. Lami.*

112 — **Janin** (J.). La Normandie. *Paris, Bourdin*, s. d. (1843) ; gr. in-8°, cart. perc., n. rog. *Illustr. par Morel-Fatio, Gigoux, Daubigny*, etc.

Exemplaire de premier tirage sur papier de Chine, très rare.

Bel exemplaire relié sur brochure avec la couverture en couleurs.

113 — **Jaybert**. Trois Dizains de contes gaulois. *Paris, Rouveyre*, 1882 ; in-12 br. *Illustr. de Le Vatur.*

114 — **Jaybert**. Les Après-Soupers. *Paris, Rouveyre*, 1883 ; in-12, pap. vergé, br. *Illustr. de Henriot.*

115 — **Kock** (Paul de). La Grande Ville. Nouveau tableau de Paris comique, critique et philoso-

phique. *Paris*, 1842; 2 vol. gr. in-8°, demi-rel. mar. rouge, coins, n. rog. *Illustr. par Gavarni, V. Adam, Daumier, Daubigny, H. Emy*, etc.

116 — **La Bédollière** (E. de). Les Industriels. Métiers et Professions en France. *Paris, Ve L. Janet*, 1842; in-8°, demi-rel. *Vignettes par H. Monnier.*

117 — **Laboulaye** (Édouard). Contes bleus. *Paris, Furne*, 1868; gr. in-8°, demi-rel. mar. bleu, n. rog., rel. sur brochure. *Dessins par Yan Dargent.*

Grand papier de Hollande, tiré à 25 exemplaires.

118 — **Laboulaye** (Ed.). Derniers Contes bleus. *Paris, Jouvet*, 1884; gr. in-8° br. *Dessins de Pille et Scott. Eaux-fortes de Manesse.*

119 — **La Bruyère.** Œuvres. Nouvelle édition par G. Lervois. *Paris, Hachette*, 1865; 2 vol. gr. in-8° br. *Grand papier.*

120 — **La Bruyère.** Les Caractères. *Tours, Mame*, 1867; gr. in-8°, demi-rel. mar. Laval., doré en tête, n. rog. *Gravures à l'eau-forte par V. Foulquier.*

121 — **La Fontaine.** Fables. *Paris, Aubert*, 1842; 2 vol. in-12, demi-rel. mar. ol., coins, tr. dor. *Illustr. par David, Johannot, Adam, Grenier*, etc.

122 — **La Fontaine.** Contes et Nouvelles. *Paris, Braulart*, 1835 ; 2 tomes en 1 vol. gr. in-8°, demi-rel. mar. rouge, coins, doré en tête, n. rog. *Fig. par Champion, André, Ducornet.*

Édition rare. Exemplaire avec des vignettes ajoutées dont quelques-unes libres.

123 — **La Fontaine.** Contes et Nouvelles. *Paris, Bourdin*, 1846 ; gr. in-8°, demi-rel. mar. rouge, coins, n. rog., couverture. *Illustr. par T. Johannot, Roqueplan, Devéria, Boulanger, Fragonard*, etc.

Un des rares exemplaires sur papier vélin fort avec les vignettes sur Chine.

124 — **Larchey.** Les Excentricités du langage français. *Paris*, 1861 ; in-12 cart., n. rog.

125 — **Lavalette.** Fables. Suivies de poésies diverses. *Paris, Hetzel et Paulin*, 1841 ; gr. in-8° br., couvert. *Illustr. par Grandville et G. Séguin.*

Première édition.

126 — **Lavergne** (Alex. de). Châteaux et ruines historiques de France. *Paris, Warée*, 1845 ; gr. in-8°, chag., tr. dor., fil. *Illustr. de Frère.*

127 — **Lecoq.** Le Monde des fleurs, botanique pittoresque. *Paris, Rothschild*, 1870 ; gr. in-8° rel. en parch., tête dor., n. rog. *Orné de gravures sur acier et de 470 vignettes sur bois.*

Exemplaire de J. Janin.

128 — **Légende** de Saint Antoine. Imité de l'allemand de W. Busch. *Strasbourg*, s. d.; in-18 cart., n. rog. *Vignettes.*

129 — **Le Gras.** Album des pavillons, guidons, flammes de toutes les puissances maritimes. *Paris*, *Bry*, 1858; in-4°, demi-rel. mar. v., tête dor., n. rog. *Planches en couleurs.*

130 — **Lemercier de Neuville.** Théâtre des Pupazzi. *Lyon*, *Scheuring*, 1876; in-8° br. *Vignettes à l'eau-forte.*

131 — **Le Noble.** La Rapinéide ou l'atelier burlesco-comico-tragique. *Paris*, *Barraud*, 1870; in-8° cart., n. rog. *Eaux-fortes.*

132 — **Le Sage.** Histoire de Gil Blas de Santillane. *Paris*, *Paulin*, 1835; gr. in-8°, demi-rel. mar. rouge, coins, tête dor., n. rog. *Vignettes par Jean Gigoux.*

Exemplaire de premier tirage sur papier fort. Très rare.

133 — **Le Sage.** Histoire de Gil Blas de Santillane. *Paris*, *Morizot*, 1863; gr. in-8°, demi-rel. chag rouge, doré en tête, n. rog. *Illustr. de Gavarni*

134 — **Levoisin.** La Lanterne magique. *Paris*, *Hachette*, s. d.; gr. in-8° cart. *Dessins de Kate Greenaway.*

135 — **Levrette en pal'tot** (La). S. l. n. d.; in-8° cart., n. rog. *7 planches à l'eau-forte.*

136 — **Longus.** Amours pastorales de Daphnis et Chloé. Traduit par Amyot. *Londres,* 1779; in-12, v. marb. *Fig. du Régent.*

137 — **Louvet de Couvray.** Les Aventures du chevalier de Faublas. *Paris, Mallet,* 1842; 2 vol. gr. in-8°, demi-rel. chag. rouge, tête dor., n. rog. *Illustr. de 300 vignettes par Baron, Français et Nanteuil.*

138 — **Lurine et Brot.** Les Couvents. *Paris, Mallet,* 1846; gr. in-8°, demi-rel. chag. rouge, n. rog., doré en tête. *Illustr. par Johannot, Baron, Français et C. Nanteuil.*

139 — **Mancel** (G.). La Vie à grandes guides. *Paris, Lacroix,* s. d.; in-12 cart., n. rog. *Dessins par Hadal.*

140 — **Marguerite de Navarre.** Contes et Nouvelles. *Londres,* 1784; 8 tomes en 4 vol. in-8°, demi-rel., n. rog. *Fig. de Freudeberg.*

141 — **Marie** (Adr.). Une Journée d'enfant. Compositions inédites. *Paris, Launette,* 1883; in-4° cart. *20 planches.*

142 — **Mary-Lafon.** La Dame de Bourbon. *Paris,*

1860 ; in-8° cart., n. rog. *Dessins de E. Morin, gravés par H. Linton.*

Grand papier vergé.

143 — **Maupas** (de). Mémoires sur le second Empire. *Paris, Dentu,* 1884 ; in-8° br.

144 — **Mémoires** du comte Horace de Viel-Castel sur le règne de Napoléon III (1851-1864). *Paris,* 1883 ; 6 vol. in-8° br.

145 — **Méry**. La Floride. *Paris, Magen,* 1846 ; 2 tomes en 1 vol. in-8°, demi-rel. *Première édition avec envoi de l'auteur.*

146 — **Michelet**. L'Oiseau. *Paris, Hachette,* 1867 ; gr. in-8°, demi-rel. chag. rouge, tr. dor. *Illustr. de 210 vignettes sur bois dessinées par H. Giacomelli.*

147 — **Millaud** (A.). Fantaisies de jeunesse. *Paris,* 1866 ; in-8°, demi-rel. chag. v., n. rog. *Eaux-fortes.*

148 — **Millevoye**. Œuvres complètes. *Paris, Ladvocat,* 1822 ; 4 vol. in-8°, v. viol., tr. dor. *Portr. (Bibolet).*

149 — **Mistral** (Fréd.). Mireille, poème provençal, traduction francaise de l'auteur, accompagnée du texte original, avec 25 eaux-fortes par E. Bur-

nand et 53 dessins. *Paris*, *Hachette*, 1884; in-4° br.

150 — **Monnier** (Henry). Scènes populaires dessinées à la plume. *Paris*, *Dentu*, 1879; 2 vol. in-8°. *Vignettes.*

Grand papier.

151 — **Monselet** (Ch.). Les Tréteaux. *Paris*, *Poulet-Malassis*, 1859; in-12, demi-rel. mar. r., tête dor. *Eau-forte par Bracquemond.*

152 — **Monselet** (Ch.). De Montmartre à Séville, 1865. — Panier fleuri, 1873. — Les Amours du temps passé, 1875. — Le Petit Paris, 1879. Ens. 4 vol. in-12 br.

153 — **Monselet** (Ch.). Théâtre du Figaro, 1861. *Eau-forte par Voillemot.* — Chanvallon, 1872. *Front. par Bertall.* — Poésies complètes, 1880. *Eau-forte par Lalauze.* Ens. 3 vol. in-12 cart. et br.

154 — **Montrosier** (Eug.). Les Artistes modernes. *Paris*, *Launette*, 1881; 4 vol. pet. in-4° en livraisons. *Planches en photogravure.*

Édition d'artiste sur papier vélin avec les gravures avant la lettre sur Chine.

155 — **Murger** (H.). Œuvres. *Paris*, *Lévy*; 7 vol. in-12, demi-rel. v. *Premières éditions.*

Scènes de la Bohême, 1851. — Scènes de la vie de

jeunesse, 1851. — Scènes de campagne, 1854. — Les Buveurs d'eau, 1855. — Le Dernier Rendez-vous, 1856. — Les Vacances de Camille, 1857.

156 — **Musée comique**, toutes sortes de choses en images. *Paris*, *Aubert*, 1840; in-4°, cart., n. rog., couvert. *Illustr. de Bertall*, *G. Doré*, *Morin*, *Nadar*.

Publication faisant suite à la *Revue comique*.

157 — **Nodier** (Ch.). Histoire du roi de Bohême et de ses sept châteaux. *Paris*, *Delangle*, 1830; gr. in-8°, demi-rel. mar. r., coins, n. rog. *Vignettes par T. Johannot*.

Exemplaire relié sur brochure, lavé et encollé.

158 — **Nogaret.** Le Fond du sac. *Rouen*, *Lemonnyer*, 1879; 2 vol. in-12 br. *Vignettes*.

159 — **Opéra** (L'), par un abonné. *Paris*, *Jouaust*, 1876; in-12 br. *Portraits à l'eau-forte*.

160 — **Paris illustré**, publié sous la direction de G. F. Dumas. *Paris, Baschet*, 1883; 15 livr. in-fol. *Planches en couleurs*.

161 — **Petits chefs-d'œuvre antiques**. *Paris*, *Quantin*, 1878-1882; 9 vol. in-32 br. *Illustr. en couleurs par P. Avril, A. Leloir, Scott et Méaulle*.

L'Amour et Psyché. — Daphnis et Chloé. — Héro et Léandre. — Leucippe et Clitophon. — Amours d'Ovide. — Dialogues des courtisanes. — Bucoliques de Virgile. — Anacréon et Sapho. — Jason et Médée.

162 — **Petits Français** (Les). *Paris*, 1842 ; in-18, demi-rel. mar. r., coins. *Vignettes de Gavarni, coloriées.*

163 — **Philipon de la Madelaine.** L'Orléanais. Histoire des ducs et duchés d'Orléans. *Paris, Mallet*, 1845 ; gr. in-8° cart. perc., n. rog., couvert. *Illustr. par Baron, Français, C. Nanteuil et Rouargue.*

164 — **Pitre-Chevalier.** Bretagne et Vendée. Histoire de la Révolution française dans l'Ouest. *Paris, Coquebert*, s. d. (1845) ; gr. in-8°, demi-rel. mar. vert, coins, n. rog. *Illustr. par Leleux, Penguilly, T. Johannot.*

165 — **Podestat** (Maurice de). La Comédie au boudoir. *Paris, Lacroix*, 1876 ; in-12 cart. perc., n. rog. *Eaux-fortes et vignettes par Lalaune, Morin*, etc.

66 — **Pommes d'Ève.** Douze contes en chemise, par une jolie fille. *Paris, Monnier*, 1884 ; in-8° br. *Illustr. de J. Roy.*

167 — **Provost** (J. B.), sociétaire de la Comédie-Française. *Paris, Claye*, 1867 ; in-4° cart. *Portraits.*

168 — **Quatrelles.** Colin Tampon. *Paris, Hachette*, 1885 ; in-4°, n. rog., en portef. *Planches en couleurs d'après Courboin.*

169 — **Raymond** (Michel). Le Maçon. Mœurs populaires. *Paris, Delloye*, 1840 ; 2 vol. in-12 cart. toile, n. rog. *Vign. de Trimollet.*

170 — **Regnard.** Œuvres complètes. *Paris, Crapelet*, 1810 ; 6 vol. in-8°, bas. *Fig. de Moreau.*

171 — **Rhymes** (Old Nursery). Mother Goose. *Londres, Routledge*, s. d. ; in-18 cart. *Illustr. en couleurs de Kate Greenaway.*

172 — **Ribeyre.** Cham, sa vie et son œuvre. *Paris, Plon*, 1884 ; in-12 br. *Fig.*

173 — **Richardson.** Lettres anglaises ou histoire des miss Clarisse Harlove. *Londres*, 1751 ; 6 vol. in-12, demi-rel. mar. bl., coins, tête dor., n. rog. *Fig. d'Eisen.*

174 — **Romans.** 6 vol. in-12 br. et cart. *Vign.*

L. Leroy, *le Monde amusant*, 1882. — Grosclaude, *les Gaietés de l'année*, 1886. — Champsaur, *Entrée de clowns*, 1885. — Écilaw, *Roland*, 1885. — Vast-Ricouard, *le Diable à quatre*, 1886. — Saint-Patrice, *Mémoires d'un gommeux*, 1877.

175 — **Rousseau** (J. J.). Les Confessions. *Paris, Barbier*, 1840 ; gr. in-8°, demi-rel. chag. bleu, coins,

n. rog. *Vignettes par Johannot, Baron, Girardet, Laville, Nanteuil*, etc.

176 — **Saint-Pierre** (B. de). Paul et Virginie. Préface par J. Janin. *Paris, Jouaust*, 1875 ; in-12, chag. Laval., tête dor., n. rog. *Eaux-fortes par Flameng. Vign. par Giacomelli.*

On a ajouté à cet exemplaire la suite des vignettes de Moreau avec et avant la lettre, et d'autres gravures par Corbould, Vernet, Prud'hon, etc.

177 — **Saint-Simon.** Mémoires. Nouvelle édition collationnée sur le manuscrit autographe, augmentée de notes et appendices par de Boislisle. *Paris, Hachette*, 1879-1884 ; 4 vol. in-4° en feuilles, dans des cartons. *Portraits.* (Tomes Ier à IV.)

Exemplaire sur grand papier Whatman, n° 10. Ouvrage en cours de publication.

178 — **Sainte-Beuve.** Vie, poésies et pensées de Joseph Delorme. *Paris, Delangle*, 1830; in-8°, demi-rel. v.

179 — **Sarah Bernhardt.** Dans les nuages, impressions d'une chaise. *Paris, Charpentier*, in-4° br. *Fig. par G. Clairin.*

180 — **Satin.** Le Culte. *Paris, Rouveyre*, 1882 ; in-18 br. *Dessins de Mesplès.*

181 — **Saulière** (A.). Les Leçons conjugales, contes

lestes. *Paris, Dentu*, 1879; in-12, demi-rel. mar. citr., tête dor., n. rog.

Papier de Chine avec doubles épreuves des eaux-fortes de Somm.

182 — **Saulière** (A.). Histoires conjugales. *Paris, Dentu*, 1881; in-12 br. *55 vignettes et 10 eaux-fortes.*

Papier de Chine avec doubles épreuves des gravures.

183 — **Savary de Lancosme-Brèves.** La Vérité à cheval. *Paris, Ledoyen*, 1843; gr. in-8° cart. perc., n. rog. *Dessins par E. Giraud et Ledieu.*

184 — **Siebecker** (E.). Mœurs du jour. *Paris, Lacroix*, s. d.; in-12 cart., n. rog. *Illustr. par Fleury.*

185 — **Silvestre** (Arm.). Le Conte de l'Archer. *Paris, Lahure et Rouveyre*, 1883; in-8° br. *Fig. en couleurs par Poirson.*

Papier du Japon.

186 — **Société d'Aquarellistes français.** Catalogue des Expositions. *Paris, Jouaust*, 1879-1884; 5 vol. gr. in-8° br., pap. de Holl. *Nombr. vignettes.*

187 — **Soulié** (Fr.). La Lanterne magique. Histoire de Napoléon, avec des annotations par La Bédol-

lière. *Paris*, *Henriot*, 1838; in-8° cart. perc., n. rog., couv. *50 vignettes par C. Jacques.*

Première édition.

188 — **Soulié** (Fr.). Si Jeunesse savait, si Vieillesse pouvait. *Paris*, *Gosselin*, 1844; gr. in-8° cart. perc., n. rog., couv. *Nombr. vignettes par Giraud et C. Nanteuil.*

189 — **Souvenirs** (Les) et les Regrets d'un Vieil Amateur dramatique ou Lettres d'un oncle à son neveu sur l'ancien Théâtre-Français. *Paris*, *Leclère;* 1861; in-8°, demi-rel. chag., n. rog., monté sur onglets. *Gravures coloriées.*

190 — **Staël** (Baronne de). Corinne ou l'Italie. *Paris*, *Treuttel et Würtz*, 1841; 2 vol. in-8° cart., tr. dor. *Nombr. vignettes.*

191 — **Stendhal.** Œuvres. *Paris*, *Lévy*, 1854; 8 vol. in-12, demi-rel. v.

Romans et Nouvelles. — Nouvelles inédites. — Racine et Shakespeare. — Histoire de la peinture. — Promenades dans Rome. — De l'Amour. — Vie de Napoléon.

192 — **Sue** (E.). Les Mystères de Paris. *Bruxelles*, 1844; gr. in-8° cart. perc., n. rog. *Illustr. de Richard*, *Hendrickx*, *Huart*, etc.

193 — **Sue** (E.). Mathilde. Mémoires d'une Jeune Femme. *Paris*, *Gosselin*, 1844; 2 vol. gr. in-8°,

demi-rel., chag. vert, tête dor., n. rog. *Fig. par Gavarni, T. Johannot.*

Première édition illustrée.

194 — **Tabarin.** Œuvres complètes. *Paris, Jannet,* 1858; 2 vol. in-12 cart.

195 — **Tamenaga Shounsoui.** Les Fidèles Ronins. Roman historique japonais, traduit sur la version anglaise, par Gausseron. *Paris, Quantin,* 1882; in-8° br. *Fig.*

196 — **Thierry** (Aug.). Récits des temps mérovingiens. *Paris, Hachette,* 1881; 7 fasc. in-fol. en portef. *Dessins de J. P. Laurens.*

Un des 50 exemplaires sur papier Whatman. (N° 11.)

197 — **Topfer.** Voyages et Aventures du docteur Festus. *Genève et Paris,* 1840; in-8° br., couv. *Fig.*

Première édition, très rare.

198 — **Touchatout.** Histoire de France tintamarresque depuis les temps les plus reculés jusqu'à nos jours. *Paris,* 1872; gr. in-8° cart. perc., n. rog. *Illustr. par G. Lafosse, Draner, A. Gill,* etc.

199 — **Touchatout.** Le Trombinoscope. *Paris,* 1872; 4 vol. gr. in-8° cart. perc., n. rog. *Fig.*

Exemplaire contenant les doubles numéros dont les portraits avaient été interdits par la censure.

200 — **Triomphe** de Cupidon. 12 dessins érotiques par Henri Lossow. Grande édition de luxe. *Munich, Ackermann*, 1881 ; gr. in-4°, demi-rel. v.

201 — **Uzanne** (Oct.). Nos Amis les livres. *Paris, Quantin*, 1886 ; in-12 br. *Eau-forte.*

202 — **Uzanne** (Oct.). Caprices d'un bibliophile. *Paris, Rouveyre*, 1878 ; in-12 br., pap. vergé. *Eau-forte par Lalauze.*

203 — **Uzanne** (Oct.). Correspondance de Mme Gourdan dite la Petite Comtesse. Étude-causerie sur les sérails du XVIIIe siècle. *Bruxelles, Kistemaeckers*, 1883 ; in-8° br. *Eau-forte.*

204 — **Valognes** (Marquis de). Femmes honnêtes. *Paris, Monnier*, 1885; in-8° br. *Front. de Rops et douze compositions de Bac.*

205 — **Véron** (P.). Paris vicieux, 1880. — La Chaîne des Dames, 1881. — La Mascarade de l'histoire, 1882. — Le Nouvel Art d'aimer, 1877. En 4 vol. in-12 br. et cart. *Vignettes par Grévin et Draner.*

206 — **Viel-Castel** (Comte H. de). Les Travailleurs de septembre 1792. *Paris, Dentu*, 1862 ; in-18, demi-rel. chag. vert.

207 — **Vigny** (A. de). Cinq-Mars ou une Conjuration sous Louis XIII. *Paris*, 1861 ; in-8°, demi-rel. chag.

208 — **Voltaire.** La Pucelle d'Orléans. *Paris, Mame,* 1808; in-8°, demi-rel. maroq. bl., tête dorée, n. rog. *Orné des deux suites de gravures de Moreau.*

209 — **Wordsworth.** La Grèce pittoresque et historique. Trad. de Regnault. *Paris, Curmer,* 1841 ; gr. in-8°, demi-rel. mar., coins, tête dorée, n. rog. *Jolies illustrations.*

210 — **Lamartine.** Œuvres. *Paris, Gosselin,* 1836; 10 vol. in-8° br. *Vignettes sur bois.*

211 — **Thiers.** Histoire de la Révolution française. *Paris, Furne,* 1866; 10 vol. in-8° br.

Tiré à 200 exemplaires sur papier vergé.

www.ingramcontent.com/pod-product-compliance
Ingram Content Group UK Ltd.
Pitfield, Milton Keynes, MK11 3LW, UK
UKHW021527260726
13993UKWH00004B/1874

9 782329 532912